PÉTITION

aux

CHAMBRES.

Pétition aux Chambres.

Laval, 19 janvier 1833.

A MESSIEURS LES MEMBRES

DE LA CHAMBRE DES PAIRS

ET

DE LA CHAMBRE DES DÉPUTÉS.

MESSIEURS,

Depuis huit mois l'arrondissement de Laval se trouve en état de siége, sans que l'on puisse voir ce qui motive une pareille rigueur.

Cette mesure extraordinaire, non définie, a pour effet réel de placer le pays entièrement sous l'administration militaire, d'étouffer la loi civile, de mettre la force et les baïonnettes à la place du droit et des garanties habituelles du citoyen. Que si l'on demande quelquefois aide

ou protection au magistrat, voici la seule réponse que l'on puisse recevoir : « Le général est
« commandant supérieur en vertu de l'état de
« siége, nous ne connaissons pas la loi qui borne
« les attributions que lui confère cet état. » D'ailleurs, les tribunaux civils seraient incompétens ;
les délits des gens de guerre ne sont justiciables
que des Cours militaires.

Venant d'appeler l'attention de M. le procureur du roi de Laval sur des faits graves de violation de domicile, et n'en ayant reçu pour
réponse qu'un nouveau témoignage de l'impuis-
sance trop réelle de la magistrature, c'est à
vous, Messieurs, que je dois avoir recours pour
solliciter la cessation d'un état de choses si
contraire à toutes les lois et à toute espèce d'ordre ou de société.

Je crois, Messieurs, devoir mettre sous vos
yeux copie de la correspondance qui a eu lieu
au sujet de cette violation ; votre religion pourra
peut-être y puiser quelques nouvelles lumières
sur la véritable position de notre pays en état
de siége, et j'ose vous supplier d'accorder avec
toute la population, qui souffre de cet état, de
vouloir bien prendre en conséquence telles mesures que vous jugerez convenables pour en
obtenir la cessation.

*Copie de deux lettres écrites
à M. le procureur du roi, à Laval, et de la réponse
faite par ce magistrat (1).*

Laval, 24 janvier 1833.

A M. LE PROCUREUR DU ROI,

A LAVAL.

MONSIEUR LE PROCUREUR DU ROI,

Je me trouve dans la nécessité de vous dénoncer la violation de domicile qui vient d'avoir lieu dans tous les corps d'héritage de la terre qui m'appartient en la commune de Deux-Evailles.

(1) Une première lettre, adressée le 21 janvier à M. le commandant du cantonnement de Montsûrs, n'a pas reçu de réponse.

Le 21 janvier, présent mois, les militaires en cantonnement à Montsûrs se sont présentés en plusieurs détachemens dans toutes les habitations de cette terre, *de trois heures et demie du matin à six heures,* se sont fait ouvrir d'autorité, et se sont ensuite livrés à des perquisitions arbitraires et illégales. Partout l'entrée ne fut accordée que sur les ordres réitérés et les menaces des assaillans, dont rien, pendant l'obscurité de la nuit, ne pouvait faire connaître les qualités; les hommes et les femmes reçurent indistinctement l'ordre de se lever; des domestiques malades de la fièvre furent menacés de coups de baïonnettes, s'ils n'obtempéraient immédiatement; une jeune femme mariée depuis onze mois, et sur le point d'accoucher, fut, en se levant, saisie de tremblemens qui, sans la force de sa constitution, auraient pu avoir les suites les plus funestes; les clefs furent ensuite demandées, les armoires et les coffres furent fouillés, les pailles des lits furent sondées à la baïonnette. Le résultat de ces mesures fut de s'emparer d'un fusil de chasse tout récemment acheté, et nécessaire à la défense d'une maison entièrement isolée, et de faire conduire les jeunes gens entre les soldats comme des malfaiteurs, jusqu'à ce qu'ils se fussent fait reconnaître.

Tout cela eut lieu en pleine nuit, sans assistance d'aucun magistrat ou officier civil, sans que personne fît savoir en vertu de quels ordres ou pour quels motifs. Dans quelques maisons des officiers et gendarmes conduisaient les fouilles; ailleurs, c'était un simple sous-officier. Deux individus en costume de gardes nationaux, qui furent reconnus pour les sieurs (1) L*** et M***, de Montsûrs, paraissaient servir de guides; deux autres personnes s'y trouvaient également, MM. G*** et L***, de Montourtier; tous les deux venaient d'être saisis dans leur domicile *à trois heures du matin*, et forcés de conduire les détachemens, malgré leurs refus et leurs réclamations réitérées.

Tels sont, monsieur le procureur du roi, les faits que je me trouve dans l'obligation de vous dénoncer.

Si les perquisitions et la violation de domicile avaient eu lieu chez tous les habitans, je pourrais être sans droit personnel de me plaindre; mais elles ne regardaient que mes propriétés, c'était là que les guides avaient ordre de conduire : dans un même village, la maison

(1) Il est peut-être inutile de désigner autrement ces noms dans cette copie, destinée à la publicité.

qui m'appartient était visitée, toutes les autres étaient épargnées.

Si un tel renversement de toutes les lois n'était réprimé, nos campagnes deviendraient promptement inhabitables. Quatre nuits seulement avant cet évènement, des malfaiteurs avaient forcé la bergerie de l'une des fermes soumises à la visite ; cet incident était le sujet de tous les entretiens. Que serait-il arrivé si les fermiers, cédant à l'idée qui leur vint naturellement, avaient en effet tenté de repousser la force par la force? Qui empêchera désormais le premier venu de se faire ouvrir en se disant gendarme ou militaire? Que dire aussi des guides bénévoles ou forcés? Vous savez mieux que personne, monsieur le procureur du roi, combien il serait funeste de voir renouveler le système des colonnes mobiles et de leurs guides locaux, quelles haines et quelles vengeances en seraient les suites inévitables? Dois-je ajouter ici que le sieur M*** est un ouvrier que j'ai eu jusqu'à ce jour coutume d'employer!

Habitant presque constamment la campagne, au milieu des fermiers de la terre qui m'appartient en Saint-Ouen et Deux-Evailles, et des nombreux ouvriers que j'y emploie, j'ai besoin de toute la sécurité que je suis en droit d'attendre de la loi. Cette sécurité n'existe plus, si mes fermiers sont suspects et hors la loi commune, par cela seuls qu'ils habitent ma propriété ; si leur domicile non plus que le mien n'a plus rien de sacré ; si le premier inconnu, en s'attribuant un titre vrai ou faux, peut en forcer l'entrée de nuit comme de jour.

Je dénonce devant vous, monsieur le procureur du roi, tant en mon nom qu'au nom des fermiers ci-dessous désignés, M. le commandant en cantonnement à Montsûrs, pour avoir ordonné et exécuté les actes dont j'ai fait mention.

(Suivent les noms des fermes et des fermiers, au nombre de sept.)

Je suis avec une respectueuse considération, monsieur le procureur du roi,

Votre très-humble et très-obéissant serviteur,

Signé D'OZOUVILLE.

Laval, 26 janvier 1833.

A M. D'OZOUVILLE,

PROPRIÉTAIRE A DEUX-ÉVAILLÈS.

PARQUET DU TRIBUNAL DE PREMIÈRE INSTANCE
DE LAVAL ET DE LA COUR D'ASSISES DU DÉPARTEMENT
DE LA MAYENNE.

MONSIEUR,

J'ai l'honneur de vous accuser réception de
la lettre que vous m'avez fait l'honneur de m'é-
crire sous la date du 24 de ce mois. Je me suis
empressé de la communiquer à M. le général
commandant supérieur de l'arrondissement en
vertu de l'état de siége. Les perquisitions domi-
ciliaires que vous m'annoncez avoir été faites
dans plusieurs de vos fermes sont le résultat de

l'organisation des colonnes mobiles. Elles n'ont point eu pour objet une vexation particulière contre vous et vos fermiers, et de semblables investigations ont été faites sur d'autres points.

Agréez, monsieur, l'assurance de mes sentimens les plus distingués,

Le procureur du roi,

Signé GUÉDON.

Laval, 29 janvier 1833.

A M. LE PROCUREUR DU ROI.

MONSIEUR LE PROCUREUR DU ROI,

Le billet que vous m'avez fait l'honneur de m'adresser porte pour toute réponse à ma lettre, que les faits dont je me plains *n'ont point eu pour objet une vexation particulière contre moi et mes fermiers.* Mais je n'ai parlé que des faits et non des intentions. Des vexations ont eu lieu, et je me plains parce que je dois prendre la défense de ceux qui se trouvent dépendre de moi ; les faits m'ont d'ailleurs atteint et blessé personnellement, puisque c'est mon nom qui fut prononcé, mes propriétés qui furent seules visitées ; je me plains de ce que ces faits aient été à la fois arbitraires et illégaux.

Votre lettre, monsieur, ne conteste ni ces faits ni la qualification qui leur appartient. Comment se fait-il donc qu'au lieu de me prêter l'appui de la loi, qui devrait se trouver placé entre vos mains, toute la protection que vous puissiez m'accorder se réduise à me dire que ce mal n'a rien qui me soit particulier, que *de semblables investigations ont été faites sur d'autres points ?*

Oui, et je suis loin de le nier, ce mal n'est que trop général ; de semblables investigations, également arbitraires et illégales, sans motif connu ou avoué, sans accompagnement de magistrat civil, de nuit comme de jour, ont lieu sur d'autres points, et il en résulte les plus graves inconvéniens : des maires se trouvent forcés d'ordonner illégalement que la nourriture sera fournie avec le logement ; des objets sont égarés, des menaces sont proférées, des voies de fait sont sans cesse sur le point d'avoir lieu. Il s'ensuit dans nos campagnes un esprit d'exaspération qu'il sera difficile d'éteindre ou d'apaiser. Vous savez ces choses, monsieur le procureur du roi ; et s'il dépendait encore de vous, loin de trouver dans l'étendue du mal un motif d'abstention de votre part, vous jugeriez au contraire que c'est le moment où le magistrat doit élever la voix.

Que, dans un moment de crise, on ait recours à des moyens extraordinaires, extra-légaux, cela se conçoit. Il y a eu un instant où une crise fut sur le point d'avoir lieu dans ce pays ; le temps d'incertitude dura huit jours, et il y a de cela maintenant huit mois. Si l'état de siége dont vous parlez dure encore, il est clair que cette mesure ne peut plus rien emprunter à un état de crise qui, certes, n'existe pas. L'état légal doit donc marcher avec l'état de siége, quelque définition que l'on donne de ce dernier : or, l'état légal permet-il les faits dont je me plains avec tout le pays ? Est-ce légalement que les soldats seront les maîtres de nos domiciles, de nuit comme de jour ? Et ici, combien de plaintes individuelles ou générales pourraient venir corroborer la mienne ? Est-ce légalement qu'une jeune femme enceinte se voit surprise la nuit, forcée de quitter son lit sur un ordre militaire, sur l'ordre d'un sous-officier ? qu'elle voit son mari, notable dans sa commune, enlevé par les soldats, emmené la nuit comme un malfaiteur ?

Sous le Code prussien l'on pouvait dire : Il

y a des juges à Berlin ; sous la **Charte-vérité**, au lieu de dire : Il y a des juges au chef-lieu, devrons-nous penser désormais : Il y a au chef-lieu des magistrats qui, pour étouffer nos plaintes, en seront réduits à nous répondre : Le mal est général ?

La fin de non-recevoir que contient votre lettre, m'oblige, monsieur, d'avoir recours à un tribunal d'un autre ordre, aux deux Chambres. En mettant sous leurs yeux et cette fin de non-recevoir que vous êtes forcé de m'opposer, et les deux lettres que j'aurai eu l'honneur de vous adresser, elles pourront, mieux que de toute autre manière, peser la gravité du mal. Peut-être, alors, jugeront-elles que le moment est venu de nous soustraire à un régime que rien ne saurait motiver, dont l'effet, à la longue, serait diamétralement opposé au but de pacification des esprits, qui doit être dans les intentions de tout le monde.

Agréez, monsieur le procureur du roi, les sentimens de considération les plus distingués avec lesquels j'ai l'honneur d'être

Votre très-humble et très-obéissant serviteur,

Signé D'OZOUVILLE.

Je pense, Messieurs, que cette correspondance que j'ai l'honneur de placer sous vos yeux
vous mettra à même d'apprécier une partie au
moins des effets de l'état de siége. La vérité
toute entière vous serait connue, si des renseignemens vous étaient adressés des diverses localités. Ces renseignemens vous feraient voir également la complète nullité des motifs prétextés
pour la continuation d'un pareil état. Le pays
est calme; les impôts se paient régulièrement;
les jeunes soldats répondent aux appels; et s'il
était vrai qu'il y eût quelques déserteurs dans le
pays, les états officiels feraient foi qu'il y en a
réellement moins que dans toutes les autres contrées de la France.

Je suis avec respect,

MESSIEURS,

Votre très-humble et très-obéissant serviteur,

D'OZOUVILLE.

PARIS. — IMPRIMERIE-LIBRAIRIE DE G.-A. DENTU,
rue d'Erfurth, n° 1 *bis.*

www.ingramcontent.com/pod-product-compliance
Lightning Source LLC
LaVergne TN
LVHW050423060726
842526LV00007B/2414